AF466859

EXTRAIT

DE

LA REVUE DES DEUX MONDES

LIVRAISON DU 1er JANVIER 1847

PARIS. — IMPRIMERIE DE GERDÈS,
Rue Saint-Germain-des-Prés, 10.

DE

LA SITUATION

ACTUELLE

AFFAIRES D'ESPAGNE ET DE CRACOVIE

PAR

M. LE Cte D'HAUSSONVILLE

DÉPUTÉ DE SEINE-ET-MARNE.

PARIS

AU BUREAU DE LA REVUE DES DEUX MONDES

RUE SAINT-BENOÎT, 18

1847

DE LA

SITUATION ACTUELLE.

AFFAIRES D'ESPAGNE ET DE CRACOVIE.

Ce n'est pas de nos jours un passe-temps d'amateur ni un travail facile que de faire la critique des ministres et de parler à la nation de ses affaires. Cela est devenu, par le temps qui court, une véritable profession, grave et pénible, s'il en fut. Ceux qui l'ont une fois embrassée doivent l'exercer tous les jours. Ils sont tenus de produire leurs griefs et d'écrire régulièrement contre le gouvernement, à peu près comme un préfet est tenu d'administrer, un juge de juger, un médecin de soigner ses malades, sous peine de compromettre sa clientelle. Encore peut-on concevoir à la rigueur qu'un juge n'ait pas à tenir son audience faute de procès, qu'un médecin ne donne pas de consultations faute de malades. Il ferait beau voir les journalistes de l'opposition cesser, fût-ce un jour, d'attaquer les ministres faute de griefs! Qu'en penseraient leurs lecteurs? Il faut, à cause des lecteurs, que la politique entamée ne faiblisse jamais; il faut même, pour les tenir constamment en haleine, qu'elle s'anime successivement, et que, par une gradation plus conforme peut-être aux règles de l'art qu'au cours naturel des choses, les derniers actes de la politique ministérielle soient toujours signalés comme les plus fâcheux. C'est ainsi que sans aucune variété de ton, avec une indignation toujours croissante, vingt feuilles plus ou moins accréditées dressent chaque matin, en style de réquisitoire, leur acte d'accusation contre le cabinet. Cependant le public, qui a voix au chapitre, et ne manque pas d'occasions de faire connaître et triompher son opinion, a le tort de ne pas prendre ces invectives au grand sérieux. Chaque fois qu'il est consulté directement, il n'hésite pas à se mettre du côté de son gouvernement et contre les frondeurs. Que font alors ceux-ci? N'ayant pu avoir raison des hommes, ils s'attaquent aux institutions; ils en font ressortir les lacunes et les apparentes contradictions et demandent à grands cris les modifications qu'ils supposent utiles à leurs intérêts de parti; mais le pays qui, par un fonds de malice invétérée, prêtait assez volontiers l'oreille au mal qu'on lui disait de ses ministres, ne se soucie pas que l'on traite aussi légèrement ses institutions, il les aime, les respecte par raison autant que par habitude : il ne veut point souffrir qu'on y porte étourdiment la main, et les mécontens sont encore battus sur ce point. Alors leur mauvaise humeur ne connaît plus de limites. Ce n'est plus aux hommes du pouvoir, aux institutions qu'ils demandent compte des horreurs qu'ils continuent de plus belle à dénoncer, c'est à la société elle-même qu'ils s'en prennent. La société tout entière est mise en suspicion et rudement taxée d'inintelligence, de corruption et de lâcheté. Les diatribes abondent sur la faiblesse des convictions, sur la dépravation des mœurs publiques, et les honnêtes citoyens qui avaient lu jusqu'alors, non sans quelque surprise, que des hommes considérables dont ils étaient disposés à faire cas étaient des gens imprévoyans, pusillanimes, traîtres à la patrie, apprennent un beau matin, à leur grande stupéfaction, qu'ils sont eux-mêmes véhémentement soupçonnés d'être sans vertus civiques, sans courage, et, qui sait? peut-être vendus à l'étranger.

Des accusations banales dont les motifs sont si apparens ne devraient pas avoir grande autorité. Les personnes qui n'ont pas voulu croire au mal qu'on leur disait des hommes d'état, des institutions de leur temps, devraient savoir que penser de celui qu'on leur dit d'elles-mêmes. Chose singulière! il n'en est pas tout-à-fait ainsi. A force d'entendre calomnier le pays en face avec tant d'ensemble et d'assurance, beaucoup de gens en sont venus à concevoir de lui une assez pauvre opinion. Il est assez de mode aujourd'hui, au sein même du parti conservateur, de répéter, avec des accès de profonde tristesse et d'amer découragement, que la vie politique s'en va s'éteignant chez nous. On affirmerait, au besoin, que la France ne tient plus guère à ses libertés publiques, qu'à peine elle se soucie de garder son rang et de faire quelque figure en Europe. De tels jugemens sont aussi injustes que superficiels.

Sans doute, depuis tantôt seize ans que nous possédons dans toute sa vérité le gouvernement représentatif, à suivre de l'œil les ressorts les plus cachés de cette machine si compliquée, nous avons un peu rabattu de la première et enthousiaste admiration qu'elle nous avait causée; nous avons compris qu'elle n'était point parfaite, non plus que tout ce qui sort de la main des hommes; mais quelques illusions emportées ne nous ont point rendus ingrats pour cette conquête de la génération qui nous a précédés. Ceux qui, sous la restauration, ont pris une part active à la lutte dont elle a été la cause et le prix glorieux ont le droit de se reporter avec complaisance vers cette époque et de lui garder une secrète préférence. Permis à eux de trouver qu'il y a dans la poursuite d'un bien vivement désiré des émotions et des jouissances auprès desquelles toutes les autres deviennent fades; mais est-ce donc d'émotions qu'il s'agit en politique? La génération actuelle a bien aussi sa manière de prouver le cas qu'elle fait de l'héritage qu'elle a recueilli. Elle n'affiche pas pour les libertés publiques un culte exalté; elle fait mieux, elle s'en sert. Que se passe-t-il au moment où nous écrivons? Armés des droits qu'ils puisent dans la constitution, les fondateurs de la société du libre échange organisent sur tout le territoire de la France un vaste réseau d'associations qui ont pour but d'obtenir la modification de nos tarifs. Leurs adversaires, qui ne paraissent pas vouloir leur céder la victoire sans combat, provoquent avec une égale ardeur des manifestations opposées. En même temps et à côté d'eux, un parti qui s'intitule le parti catholique s'agite pour suppléer au nombre par l'activité et la tactique. Organisé pendant les élections pour imposer aux candidats dans l'embarras des engagemens conformes à ses vues, il s'arrange, dit-on, en ce moment pour en surveiller strictement la loyale exécution. Certes, un si général et si énergique usage des facultés d'action laissées à sa disposition est, pour un peuple constitutionnel, le plus éclatant témoignage d'attachement à ses institutions. Ne dites pas après cela que la France ne s'inquiète que médiocrement du maintien de ses libertés. Attendez seulement qu'on soupçonne quelqu'un d'y vouloir toucher, et vous verrez si elle saura les défendre.

On n'est pas plus près de la vérité lorsqu'on nous représente comme indifférens aux soins de notre dignité extérieure, comme oublieux de notre rôle et de nos destinées parmi les grandes nations du monde. Cette méprise tient aussi à une fausse appréciation des circonstances. A la vérité, la haine vivace contre les étrangers n'existe plus au fond des cœurs comme en 1815; les fiers et légitimes ressentimens qu'avaient soulevés l'invasion et l'occupation du territoire se sont peu à peu calmés. Aussitôt après la révolution de juillet, le peuple français comprit qu'en se séparant définitivement d'une dynastie dont le retour avait coïncidé avec le succès des armes de ses ennemis, il venait de prendre contre eux la meilleure de toutes les revanches. Ce merveilleux instinct des masses animait à coup sûr les majorités qui, après 1830, déployaient tant de fermeté et de raison pour empêcher le pays d'aller courir les folles aventures et s'engager témérairement dans des voies désordonnées et périlleuses où quelques turbulens voulaient l'entraîner. Aujourd'hui que, grace aux talens de quelques-uns, à la sagesse de tous, nous présentons à l'Europe un spectacle qui peut défier la malveillance des plus malintentionnés, il est naturel que nous nous sentions portés à déposer les vieilles rancunes. Le souvenir de ses revers passés n'incommode plus la France; elle se sent en droit d'entretenir envers tout le monde des sentimens assurés et tranquilles. Voilà la vérité sur sa soi-disant insouciance; toute autre explication est puérile ou mensongère.

Si, avant d'examiner les circonstances actuelles de la politique, j'ai cherché à préciser ce qu'on devait penser de la disposition des esprits, c'est que cette disposition a par elle-même une grande influence. Pour les nations comme pour les individus, l'estime de soi-même est une condition indispensable de force et de succès; rien ne saurait la remplacer. N'aurions-nous aujourd'hui aucune difficulté intérieure à vaincre, tous les événemens du dehors nous seraient-ils favorables, si nous étions réellement atteints au cœur de la mollesse que l'on nous reproche, nous n'en serions pas moins incapables de prétendre à rien et forcément au-dessous de toutes les positions. Notre temps ainsi réhabilité, voyons ce qu'il faut penser de la situation même.

Au mois d'août dernier, il était généralement admis que les élections avaient été favorables à l'administration. Loin de déguiser ses échecs, l'opposition paraissait plutôt disposée à en exagérer la portée. On verra, disait-elle, ce qu'oseront les ministres et leurs partisans quand ils se sentiront maîtres absolus du terrain. Jusqu'à présent, ces sinistres prophéties ne se sont pas réalisées. Quoique les grands débats politiques aient été, d'uu commun accord, remis à une autre époque, on a pu juger, pendant la durée de la vérification des pouvoirs, de l'esprit de la chambre de 1846. Il a été généralement trouvé qu'elle s'était montrée intelligente, résolue et modérée. Les petites manœuvres ordinairement employées au début de chaque législature pour créer quelque fraction intermédiaire entre les deux côtés de la chambre ont échoué devant le bon sens des membres nouvellement élus. Au dire des hommes ayant un long usage de nos assemblées parlementaires, jamais les partis ne s'étaient constitués aussi vite, absorbant tout d'abord dans leur sein les hommes sur lesquels ils devaient naturellement compter. Pareils commencemens sont de bon augure et donnent à penser que chacun restera, pendant la prochaine session, attaché au drapeau qu'il a librement choisi. La minorité reprendra-t-elle en ascendant moral la force qu'elle a numériquement perdue? Cela ne paraît guère probable. A Dieu ne plaise que je veuille prendre plaisir à rabaisser une portion de la chambre qui compte dans son sein des citoyens animés des intentions les plus droites et des orateurs doués d'un talent incontestable; il faut cependant en convenir, l'opposition n'est pas environnée chez nous de ce prestige qui, dans d'autres temps et dans d'autres pays, a rarement fait défaut à ceux qui se sont faits les défenseurs habituels des opinions populaires. A rechercher avec impartialité les causes de cette froideur du public, on trouverait, je crois, qu'elle tient en partie aux circonstances, en partie aux fautes des hommes. La vraie popularité n'est pas un bien qui s'acquiert à peu de frais ou qui se dérobe par surprise; une nation ne l'accorde qu'à bon escient, par reconnaissance pour les grands et réels services, ou par respect pour les longs dévouemens à de bonnes et saintes causes. Quels grands services l'opposition aurait-elle pu rendre depuis seize ans? Il n'y a pas de libertés à sauver quand il n'y a pas de libertés attaquées; il n'y a pas d'opprimés à défendre quand il n'y a point d'oppresseurs. La gauche n'était pas tenue de faire des miracles, mais elle était tenue de rester fidèle aux sentimens libéraux qui feront toujours l'honneur et la force des grandes oppositions constitutionnelles. Voilà ce qu'elle n'a pas fait. Elle les a souvent sacrifiés lorsqu'elle a cru trouver dans cet abandon le plus passager avantage pour les combinaisons éphémères de la stratégie parlementaire. La liberté des noirs a été, dans ces derniers temps, plusieurs fois mise en cause à propos de conventions diplomatiques échangées dans le but d'abolir ce trafic odieux; l'opposition a pris parti contre ces conventions. Une loi a été apportée qui réalisait une des promesses de la charte, en organisant en France la liberté de l'enseignement; l'opposition a repoussé cette loi. Je ne sais si les doctrines des libres échangistes auront l'honneur d'être discutées cette année dans les chambres; mais, à coup sûr, leur triomphe serait bien éloigné, si elles devaient l'attendre uniquement du libéralisme commercial des membres de la gauche. Plusieurs motifs ont déterminé sur tous ces points l'attitude vraiment étrange de l'opposition. Le désir de faire pièce au cabinet et d'avoir contre lui un succès immédiat, les convictions personnelles bien connues de l'homme éminent qui s'est placé à sa tête, ont exercé sur sa marche une influence prépondérante. Cependant l'opposition comprend sans doute aujourd'hui que cette facilité à oublier ses principes pour se mettre en quête d'un succès qu'elle n'obtient jamais, cette obligation où elle est d'accepter la direction d'un chef qui professe si peu de goût pour les idées qui doivent lui être les plus chères, n'ajoutent pas à son autorité et n'augmentent pas dans l'avenir ses chances de succès. On se demande ce qui va se passer dans ses rangs quand surgiront de nouveau les questions que je viens d'indiquer rapidement. Les soldats continueront-ils à suivre leur capitaine, pour n'être pas, au jour de la bataille, privés de son précieux commandement, ou bien l'armée se débandera-t-elle, quitte à se reformer plus tard et pour de meilleures occasions? Nous le saurons bientôt; il suffit de constater, quant à présent, que des assaillans ainsi organisés ont rarement engagé des combats sans les perdre. Aussi suppose-t-on assez généralement qu'il n'y aura même pas cette année de vrais combats. C'est assez notre opinion, et nous n'en douterions pas s'il était vrai, comme on l'assurait au moment de la séparation des chambres, que le cabinet dût apporter, au début de la prochaine session, quelques-uns des projets de réformes dont il avait eu jusqu'à présent le tort de laisser à d'autres l'initiative. Dans ce cas, les questions de politique intérieure seront fort effacées, et nos affaires extérieures auront, comme à l'ordinaire, le privilége de fixer à peu près exclusivement l'attention publique.

La nouvelle des mariages simultanés des princesses espagnoles avait causé un certain étonnement en France, le bruit du refroidissement avec l'Angleterre y avait répandu une première alarme, lorsque l'audacieuse spoliation de la ville libre de Cracovie, par trois des puissances du Nord, est venue mettre le comble à l'émotion universelle. Chacun a compris la portée de ces événemens si considérables en eux-mêmes, et rendus plus graves encore par leur rapprochement. Le brusque et profond changement qu'ils apportent à notre situation en Europe n'a échappé à personne. Depuis 1830, non point par aucune faiblesse de cœur, ni par ignorance de notre force, mais par suite d'une juste appréciation de nos véritables intérêts, nous nous étions interdit de nous jeter seuls, et pour notre propre compte, dans aucune grande entreprise diplomatique. Cependant une alliance de famille avec la maison royale qui règne de l'autre côté des Pyrénées nous reporte soudainement en plein siècle de Louis XIV et met au nombre des contingens possibles la réapparition d'un petit-fils de France sur le trône d'Espagne. Parmi les grandes puissances de l'Europe, une seule avait montré quelque sympathie pour la révolution qui a fondé notre gouvernement de 1830, une seule ne combattait pas au dehors notre influence libérale et nos tendances démocratiques; nous avions cultivé avec soin son amitié, nous comptions qu'à un jour donné, si quelque complication venait à surgir, notre commun accord suffirait à tenir en échec les cabinets absolutistes, et, tout d'un coup, nous apprenons que le gouvernement de sa majesté la reine d'Angleterre manifeste hautement sa désapprobation et son ressentiment de l'union d'un de nos princes avec l'infante sœur de la reine d'Espagne. Enfin des traités existaient qui n'avaient point été faits à notre profit, mais à notre détriment, dont nous aurions pu vouloir nous affranchir, dont nous avons cependant accepté les douloureuses stipulations, et voici que, sans motifs sérieux, sans négociations préalables, ces traités sont déchirés par ceux-là mêmes qui ont un intérêt si évident à laisser aux derniers arrangemens territoriaux survenus en Europe leur caractère inviolable et définitif.

Pour savoir quelle a été au milieu de ces complications l'attitude du gouvernement français, ce qu'il a fait, ce qu'il se propose de faire, le public n'a plus long-temps à attendre. Dans peu de jours, les documens officiels seront communiqués aux chambres de France, d'Angleterre et d'Espagne, et, du haut des tribunes qui vont leur être rouvertes, les ministres de ces grands états constitutionnels seront à même de s'expliquer devant l'Europe. Dès aujourd'hui cependant les personnes qui vivent dans le monde des affaires et qui ont mis quelque soin à se tenir bien renseignées sont en état de se former une opinion sur la conduite du cabinet français. Une chose au moins ne sera contestée par personne; il ne dépendait pas de lui de ne pas rencontrer cette question des mariages espagnols. Pouvait-il y rester indifférent, accepter à l'avance tous les candidats et souffrir sans ombrage qu'un proche parent de la maison d'Autriche ou d'Angleterre vînt donner des souverains à l'Espagne et changer ainsi un état de choses qui dure en Europe depuis un siècle et demi? On ne l'oserait pas soutenir, au moins en France. On y a donc généralement approuvé les paroles par lesquelles M. Guizot a fait connaître à la chambre des députés, dans la séance du 2 mars 1843, que la France ne voulait imposer aucun choix à l'Espagne, qu'elle trouverait bien tous ceux qui auraient pour résultat de maintenir sur le trône d'Espagne la glorieuse famille qui y siége depuis Louis XIV. Cette déclaration, conforme aux intérêts les plus simples et les plus évidens de la France, n'avait rien d'exclusif. Elle admettait un grand nombre de prétendans à la main de la reine, et, de fait, la France en a non-seulement admis, mais, à diverses époques, proposé et patroné plusieurs : — d'abord le comte d'Aquila, frère du roi de Naples, qui a toujours paru avoir peu d'entraînement pour cette union, et a depuis épousé une princesse brésilienne; le comte de Trapani, qui a été long-temps notre candidat pour ainsi dire officiel, à tel point que la répugnance chaque jour plus notoire de la nation espagnole pour ce mariage, et les manifestations quasi-parlementaires dont il a été l'objet à Madrid et qui l'ont définitivement écarté, ont été partout représentées comme un revers de notre diplomatie. Le fils aîné de don Carlos lui-même n'a jamais été repoussé par nous, avant que l'opinion des cortès se fût prononcée contre lui. — Enfin les deux fils de l'infant don François, les derniers entrés en lice et qui y sont restés avec des chances presque égales, jusqu'au jour où le plus jeune, don Henri, duc de Séville, eut le tort inexplicable de proclamer ses prétentions en les mettant, par une lettre adressée à tous les journaux, sous la protection du parti qui faisait alors au gouvernement de la reine la plus vive opposition. Le gouvernement espagnol, en choisissant le duc de Cadix, n'a aucunement subi la loi du gouvernement français, il a agi dans le plein exercice de sa liberté; mais il y a eu quelque clairvoyance et quelque fermeté de la part du cabinet français à renfermer dès le début cette question dans le cercle où elle est venue se résoudre définitivement. La préférence accordée à l'époux actuel de la reine n'a donné lieu, chez nous, à aucune polémique sérieuse. Il n'en a pas été de même du mariage du duc de Montpensier avec l'infante dona Louisa Fernanda : il a suscité des objections de plusieurs natures.

Ce mariage lie, dit-on, les destinées de la France à celles de l'Espagne d'une façon qui pourrait être fâcheuse pour nous et compromettre notre liberté d'action. J'avoue que cette objection me touche assez et me paraît d'un certain poids. Quelque confiance que je sois disposé à avoir dans le sort futur de l'Espagne; persuadé, comme je le suis, qu'à travers même ses récens malheurs et ses présentes agitations elle a fait, depuis douze ans, plus de véritables progrès qu'elle n'en avait accompli depuis de longues années, je ne puis me dissimuler cependant que, d'ici à long-temps, nous aurons autant d'embarras que de services à attendre de cette nouvelle alliée.

Je serais donc peu porté à féliciter mon pays d'un événement qui rouvre devant lui de si grandes et si douteuses perspectives; mais, ou je me trompe fort, ou le mariage du duc de Montpensier avec l'infante, sœur de la reine, était le corollaire nécessaire de l'union de la reine avec l'infant duc de Cadix. Le gouvernement espagnol, obligé de renoncer en même temps au fils du roi de France et au prince de Cobourg, proche parent de la reine d'Angleterre, a senti le besoin de n'être pas laissé seul à ses propres ressources; il a voulu se fortifier par ce mariage contre des difficultés qu'il devait prévoir. Si les choses se sont passées ainsi, le gouvernement français n'aurait pas eu tort d'accéder à cette exigence raisonnable de l'Espagne.

Mais, dit-on, le mariage du duc de Montpensier soulève des difficultés considérables. En donnant un mari français à une héritière du trône d'Espagne, il risque de placer un jour un prince descendant du roi des Français sur le trône d'Espagne, ce qui est positivement contraire au traité d'Utrecht. Le traité d'Utrecht a eu pour but de rendre tous les descendans de Louis XIV inhabiles à arriver au trône d'Espagne, comme tous les descendans de Philippe V à arriver au trône de France. Non-seulement ces stipulations sont inscrites au traité, mais des renonciations réciproques et spéciales ont été exigées de part et d'autre, de la part de Philippe V et des princes de la maison de France, parmi lesquels le duc d'Orléans, depuis régent de France, qui a renoncé comme eux pour lui et sa descendance à toute prétention, à quelque degré et sous quelque forme que ce soit, au trône d'Espagne.

Nous savons que cette thèse a été développée longuement dans les feuilles anglaises, et qu'elle tient une place considérable dans les communications officielles que le secrétaire d'état de sa majesté britannique a passées au ministre des affaires étrangères de France; mais, en vérité, quel que soit notre désir de traiter avec respect et de prendre en grande considération toutes les pièces qui émanent de la chancellerie anglaise, il nous est impossible de croire qu'une pareille argumentation puisse jamais prévaloir auprès des personnes qui n'ont pas oublié les circonstances historiques qui ont précédé le traité d'Utrecht et la teneur même de ce document diplomatique. Au début de la guerre de la succession d'Espagne, deux prétentions se trouvaient en conflit : d'un côté, celle de Louis XIV, qui, en plaçant son petit-fils sur le trône d'Espagne, avait voulu lui ménager, ainsi qu'à sa postérité, le droit et la possibilité de réunir un jour sous un même sceptre les deux plus puissantes monarchies qui fussent alors en Europe; de l'autre, celles de l'Angleterre et de l'Autriche, qui, malgré le testament de Charles II, voulaient retirer cette couronne des mains d'un Bourbon pour la placer sur la tête d'un archiduc d'Autriche. Comme dans toutes les guerres, il arriva qu'aucune des parties belligérantes ne put faire triompher ses exigences; il fallut transiger, et c'est dans le traité d'Utrecht, dont l'Angleterre prit l'initiative, auquel l'Autriche adhéra plus tard, que furent consignées les mutuelles concessions. L'Angleterre reconnaissait Philippe V, prince de la maison de Bourbon, pour roi légitime d'Espagne; mais, comme le but principal de la guerre avait été, de la part de l'Angleterre et de ses alliés, d'empêcher la réunion éventuelle des deux couronnes d'Espagne et de France sur une même tête, la France et l'Espagne s'engagèrent à établir l'ordre de succession respectif des deux maisons, de façon que jamais, et dans aucun cas, un Bourbon de France ne pût, de son chef, régner en Espagne, ou un Bourbon d'Espagne régner de son chef en France. On déclara donc qu'il y avait incompatibilité absolue entre les deux couronnes. Philippe V dut renoncer aux droits éventuels que sa naissance lui donnait au trône de France, de même que ses frères les ducs de Bourgogne et de Berry durent renoncer aux droits que, comme héritiers naturels de leur frère, ils pouvaient avoir un jour à la succession d'Espagne. Le duc d'Orléans, fils de Monsieur frère de Louis XIV, étant lui-même dans la ligne des héritiers possibles de la couronne de France, dut, pour rentrer dans l'esprit du traité et garder ses droits à la couronne de France, faire acte de renonciation à la couronne d'Espagne. Quelle est la signification évidente de ces renonciations?

Ces princes, tous héritiers directs et possibles des deux couronnes de France et d'Espagne, renonçaient pour eux et leur postérité, à cause de l'incompatibilité des deux couronnes stipulée dans le traité, aux prétentions qu'ils auraient pu, si le traité d'Utrecht n'eût pas existé, établir à la couronne d'Espagne. Ces renonciations voulaient-elles dire qu'il y eût pour leurs descendans directs une incapacité radicale d'arriver jamais au trône d'Espagne, incapacité qui serait de telle nature, que, si un héritier de la couronne d'Espagne, ayant des droits pleins et entiers, venait jamais à contracter alliance avec quelques-uns de leurs descendans, ces droits seraient par cela seul frappés de nullité et de déchéance? Jamais pareille doctrine n'a été mise en avant ni même imaginée, soit au moment du traité d'Utrecht, soit depuis. Non-seulement la doctrine n'a pas été émise, mais des faits, des exemples palpables, en ont rendu, dès le lendemain du traité d'Utrecht, et en rendent encore aujourd'hui la production impossible. Je ne reviendrai pas sur les énonciations souvent faites des mariages nombreux qui ont eu lieu entre les descendans des deux lignes, quelquefois entre les héritiers directs des deux couronnes; je ne citerai pas le plus éclatant de tous, le mariage du fils de Louis XV avec l'infante fille de Philippe V. Aucun de ces mariages n'a donné lieu, de la part de l'Angleterre, à des protestations de la nature de celle que lord Palmerston vient de lancer dans le monde politique, au grand ébahissement, je ne dirai pas seulement des savans qui ont pâli sur la collection des traités, mais du premier individu venu qui aura regardé l'atlas de Lesage ou feuilleté par désœuvrement un almanach royal. Après tout cependant, si les doctrines du ministre principal de sa majesté britannique étaient vraies, qu'importerait, en bonne logique, que ses prédécesseurs au *Foreign Office* eussent oublié de s'en servir, en leur temps, dans les guerres entre la France et l'Angleterre qui ont suivi de si près le traité d'Utrecht? Il y aurait seulement à regretter, pour la réputation des hommes politiques de cette époque, et en particulier de lord Chatham, qu'ils n'eussent pas songé à produire, dans leurs manifestes contre la France, cette victorieuse argumentation. Mais que voulez-vous? les plus grands hommes ont négligé quelquefois de se servir de tous leurs avantages. Lord Palmerston lui-même aurait pu faire contre nous un bien plus redoutable usage de la théorie qu'il a eu l'honneur d'inventer. Que le secrétaire principal de sa majesté britannique veuille bien prendre la peine de jeter un coup d'œil sur la première carte généalogique des maisons de France et d'Espagne qui lui tombera sous la main, et il aura la satisfaction d'y voir que le jour où il le jugera utile à la politique de son pays il dépend de lui de protester contre les droits à la couronne d'Espagne de la reine Isabelle actuellement régnante et contre le droit à la couronne de France de M. le comte de Paris. En effet, la reine Isabelle est fille de Ferdinand VII, fils de Charles IV, qui, en 1765, épousa l'infante Louise-Marie-Thérèse, issue du mariage de don Philippe, duc de Parme, fils de Philippe V, et de Louise-Élisabeth, fille de Louis XV, et le comte de Paris n'est-il pas petit-fils de la reine Amélie de France, actuellement régnante, laquelle est aussi descendante de Philippe V? Voilà pourtant ce qui arrive des thèses de cette espèce; il faut les pousser jusqu'à l'absurde ou les abandonner. Je crois que lord Palmerston fera bien de s'arrêter à ce dernier parti. Aussi bien c'est celui que viennent de prendre les journaux de son pays, qui les premiers les avaient développées.

Mais ce n'est plus du traité d'Utrecht qu'il s'agit. Le traité d'Utrecht et tous les traités du monde nous seraient-ils favorables, cela ne servirait de rien au cabinet français; ce qui importe, c'est de savoir s'il a toujours eu de son côté les bons procédés. L'opposition française, comme chacun sait, a toujours attaché la plus haute importance aux bons procédés vis-à-vis de l'Angleterre.

Cette question des bons procédés est en réalité celle qui domine tout le débat. Il serait indigne de ceux qui ont toujours professé et professent encore la plus constante sympathie pour le bon accord avec l'Angleterre de ne pas traiter un pareil sujet avec la plus scrupuleuse attention et la plus sincère impartialité.

Le bon accord avec une puissance étrangère n'oblige pas de suivre partout et toujours une marche exactement conforme et préalablement concertée. On peut être alliés fidèles, se rendre de bons et mutuels services pour ce qui regarde l'ensemble de la politique, et, sur certaines questions, rester séparés, ou même poursuivre des buts différens. Il y a bien des points sur le globe où il serait fâcheux pour nous de confondre notre cause avec la cause anglaise. Ce serait agir contre la nature même des choses, et les faits seraient, comme il arrive souvent, plus forts que les intentions. En Espagne, sous certains rapports, les intérêts français et anglais sont trop opposés pour que l'association soit possible. Nous parviendrions difficilement à nous entendre avec l'Angleterre pour conseiller à l'Espagne de suivre, en matière commerciale, une certaine direction. Ce serait folie de le tenter. Il n'est pas probable, à cause des faits accomplis et de certains engagemens de partis préexistans, que nous puissions, d'ici à long-temps, nous mettre d'accord pour conseiller au cabinet espagnol tel ou tel système de politique intérieure. Il est à croire que la bonne volonté des ministres français et anglais y échouerait; celle de leurs agens se lasserait plus vite encore.

Le mariage des princesses espagnoles, au contraire, était un de ces objets sur lesquels il était désirable et possible de s'entendre. C'était bien assez pour l'Espagne d'être commercialement et politiquement tirée entre nos deux influences; que serait-il arrivé si elles s'étaient, pour ainsi dire, personnifiées dans deux candidats anglais et français qui, comme des chevaliers en champ clos, porteurs des couleurs de leurs parrains, se seraient disputé à outrance la main de la reine Isabelle? Il aurait été à craindre qu'avant la fin du tournoi spectateurs et patrons se fussent jetés dans l'arène pour y prendre part au combat. Les gouvernemens de France et d'Angleterre ont voulu sagement éviter ce péril. Comme de coutume, on a transigé, et comme de coutume aussi on a procédé par exclusion. C'est nous qui avons fait de nous-mêmes les premiers pas dans cette voie de conciliation, en déclarant que les fils du roi des Français n'étaient pas au nombre des prétendans à la main de la reine Isabelle. Cette concession en appelait une équivalente de la part de l'Angleterre; elle renonça au prince de Cobourg, proche parent du mari de la reine d'Angleterre, et promit de ne pas aider au mariage d'un prince qui ne serait pas de la maison de Bourbon.

C'était là, si je ne me trompe, où en était cette délicate négociation, quand la reine d'Angleterre vint à Eu pour la deuxième fois. Les ministres des affaires étrangères de France et d'Angleterre, M. Guizote lord Aberdeen, s'abouchèrent directement. On entra dans des détails et des confidences qui n'avaient pas été confiés au papier. C'était le temps de la grande intimité. Lord Aberdeen reconnut, avec sa bonne foi ordinaire, que notre ministère était strictement resté dans les termes des engagemens contractés, n'avait pas voulu profiter des avantages que lui donnaient ses bons rapports avec l'Espagne pour mettre en avant la candidature de M. le duc de Montpensier. On fit un pas de plus dans la voie d'arrangemens amicaux. Lord Aberdeen eut connaissance du désir qu'avait la famille royale d'unir le duc de Montpensier à l'infante sœur de la reine; il donna à ce mariage son adhésion, à condition toutefois qu'il n'eût lieu qu'après celui de la reine et quand elle aurait donné un héritier à la couronne d'Espagne.

Une réserve fut toutefois faite au milieu de ces conférences par M. Guizot et acceptée par lord Aberdeen. Par cette réserve, le ministre français établissait en termes exprès que, si un mariage avec un prince de la maison de Cobourg devenait jamais imminent, soit par la coopération, soit par le manque d'opposition de la part du cabinet anglais, soit de toute autre façon, la France se regarderait aussitôt comme dégagée et libre de demander immédiatement, pour M. le duc de Montpensier, non-seulement la main de l'infante, mais celle de la reine elle-même. Cette déclaration fut envoyée à Londres, sous forme de *memorandum*, dans les premiers mois de 1846, et communiquée par M. de

Jarnac à lord Aberdeen; M. Bresson reçut de son côté à Madrid les instructions qui devaient lui servir de règle de conduite dans le cas prévu par le *memorandum*.

Comme on va le voir, cette déclaration de notre cabinet n'était pas une précaution inutile, mais un acte de la plus indispensable prudence. En effet, si le cabinet anglais exécutait fidèlement ses engagemens, ses agens à l'étranger et les personnes qui passaient pour obéir habituellement à leurs inspirations suivaient une voie tout opposée. Leurs efforts pour rendre acceptable et prépondérante la candidature de M. le prince Léopold de Saxe-Cobourg étaient incessans et publics, surtout à Madrid. Ils eurent, au milieu du printemps de 1846, un succès à peu près complet, révélé par un incident relaté alors dans les journaux de la Péninsule, et qui, je ne sais pourquoi, n'a pas trouvé place dans la presse anglaise ou française. M. le duc régnant de Saxe-Cobourg était à Lisbonne, et l'on parlait de sa prochaine arrivée à Madrid. Le gouvernement espagnol lui envoya un message direct précédemment communiqué à M. Bulwer, et qui avait pour but le mariage de la reine avec le prince de Saxe-Cobourg; mais tel était, pour les engagemens pris à Eu, le respect de M. le ministre des affaires étrangères d'Angleterre, lord Aberdeen, que le ministère français apprit à la fois par lui cette démarche inattendue, la connaissance qu'en avait eue M. Bulwer, et l'avertissement donné à cet agent de ne jamais prêter son concours à aucune proposition de ce genre. Peu de temps après cet incident, le cabinet tory se retirait, et avec lui lord Aberdeen; les whigs entraient au pouvoir, et avec eux lord Palmerston.

Qui avait décidé la reine-mère d'Espagne à la démarche qu'elle avait tentée à Lisbonne? Était-ce le désir bien naturel d'affermir la couronne de sa fille par une alliance avec cette maison considérable des Cobourg, qui a donné des époux à la plupart des princesses de l'Europe, et qui se trouve en ce moment assise sur la majeure partie des trônes constitutionnels? Était-ce un calcul habile pour forcer la main à la France et obtenir le mariage de M. le duc de Montpensier par la crainte qu'aurait inspirée un mariage sur le point de se conclure avec un prince de Cobourg? Quoi qu'il en fût du motif, digne, à coup sûr, d'une mère tendre et d'une princesse expérimentée comme la reine Christine, le fait était par lui-même de nature à donner à réfléchir au cabinet des Tuileries. Le mariage avec un prince de la maison de Cobourg avait été directement négocié par le gouvernement espagnol; connaissance en avait été donnée au ministre anglais à Madrid, tout cela dans le temps où siégeait à Londres un cabinet ami, qui avait pris lui-même au sujet des mariages espagnols des engagemens précis, et qui avait une si ferme et si évidente volonté de les exécuter. Qu'allait faire à Madrid l'envoyé britannique, désormais dirigé par un nouveau ministère, lié certainement par les engagemens de ses prédécesseurs, mais qui n'avait pas cependant suivi lui-même les phases de cette délicate négociation, et pouvait être, sans injustice, soupçonné de ne pas porter à la France des sentimens très bienveillans? La prudence commandait à notre cabinet d'attendre et de sonder les dispositions du nouveau ministère anglais. Une occasion toute naturelle s'en présentait. Les fils de don Francisco étaient les seuls candidats à la maison de Bourbon qui fussent alors possibles. Notre chargé d'affaires à Londres eut mission de proposer à lord Palmerston de les présenter en commun à l'acceptation du gouvernement espagnol. Cette offre n'avait rien d'exclusif; ce n'était pas abonder dans notre sens que de présenter deux candidats, dont l'un, l'infant don Henri, duc de Séville, était alors patemment hostile à notre influence en Espagne et notoirement porté par le parti progressiste, appuyé lui-même par l'Angleterre. La manière dont lord Palmerston accueillerait cette offre devait nous servir de pierre de touche pour juger de sa politique en Espagne. Cette politique ne pouvait déjà que trop se prévoir par une communication que le nouvel ambassadeur à Paris, lord Normanby, avait été chargé de nous faire de sa part. Cette communication consistait en un extrait des instructions adressées à M. Bulwer, à Madrid. Dans ces instructions, il était dit qu'il n'y avait plus que trois candidats possibles à la main de la reine, le prince de Cobourg et les deux fils de Francisco. Ces trois candidats, ajoutait la note, sont également acceptables pour l'Angleterre. Puis, comme si ce n'était pas assez de cette note où un prince de Cobourg figurait pour la première fois, et en première ligne, à titre de candidat présenté par l'Angleterre, arrivait à Paris la réponse à nos ouvertures d'action commune. Dans cette réponse, il était dit qu'un seul des deux candidats était convenable; et lequel paraissait à lord Palmerston remplir seul cette condition et devoir être exclusivement présenté au choix de la reine? C'était l'infant don Henri, duc de Séville, qui était alors à Bruxelles en rupture ouverte, presque à l'état de conspiration, contre le gouvernement de la reine. Les intentions de lord Palmerston étaient assez évidentes, on peut dire assez flagrantes. D'une part, le prince de Cobourg, le candidat que l'Angleterre ne devait jamais aider à mettre en avant pour la main de la reine, était inopinément produit d'une manière officielle par le secrétaire d'état de sa majesté britannique; de l'autre, notre proposition était éludée. Des deux candidats que l'on déclarait acceptables dans les instructions envoyées à M. Bulwer, lord Palmerston ne voulait plus en proposer avec nous qu'un seul, celui-là même qui de toute évidence était impossible. On voit clairement où menait ce jeu. Le but était manifeste. Tous les candidats écartés, la cour de Madrid en devait venir forcément à choisir le prince de Cobourg.

Il faut le dire, le piége était trop apparent; il ne pouvait tromper un cabinet tant soit peu prévoyant. Grace à Dieu, nous avions les moyens de parer le coup. Le mariage avec un prince de Cobourg était devenu un fait imminent : c'était le cas prévu par le *memorandum*. Nous rentrions, par cela même, dans notre droit et dans notre liberté; nous en avons usé en faisant conclure en même temps les deux mariages.

On dit que la solution de cette affaire, dont nous venons de raconter les divers épisodes avec toute l'exactitude qui dépendait de nous, a produit de l'irritation en Angleterre. Cette irritation serait grande, si l'on en jugeait par celle qui animait naguère les feuilles publiques qui s'impriment de l'autre côté de la Manche, et qui trouvent chez nous de si complaisans échos; mais ce serait risquer de se tromper souvent que de juger des sentimens d'un peuple par ceux qu'expriment ses journaux. Pourquoi cette grande et sage nation prendrait-elle feu à propos d'une question qui, après tout, la touche assez peu, qu'elle a mal appréciée d'abord, parce qu'elle lui avait été présentée sous le jour le plus faux? On voit tout de suite quelle atteinte aurait été portée à la considération de la France, à ses intérêts les plus permanens et les plus essentiels, si un proche parent de la maison régnante d'Angleterre fût venu s'asseoir sur un trône occupé depuis longues années par des rois issus du sang de nos princes. Pour l'Angleterre, au contraire, l'état de choses qui vient d'être constitué en Espagne est la continuation d'un passé dont elle n'avait jamais songé à se sentir blessée. De quoi se plaindrait-elle? Ses plus grands ministres n'avaient jamais pensé jusqu'à présent à lui faire venir l'ambition de donner des rois à l'Espagne. Le maintien sur ce trône de la royale maison qui l'a toujours occupé n'empêchera pas sa légitime influence de s'exercer encore de l'autre côté des Pyrénées; nous ne chercherons pas à l'y détruire; le voudrions-nous, nous n'y réussirions probablement pas. Les enseignemens de l'histoire sont là; ils nous apprennent que peu de temps après le traité d'Utrecht la France était en guerre avec l'Espagne, et qu'elle avait justement l'Angleterre pour alliée contre le monarque, petit-fils de Louis XIV. Il ne faut pas aujourd'hui de bien graves événemens pour rendre l'influence anglaise supérieure à la nôtre à Madrid. Chacun sait que les changemens de cabinet y sont assez fréquens; pour peu que la discussion actuelle se prolonge encore, le jeu naturel des institutions dont l'Espagne est aujourd'hui dotée aura peut-être, avant qu'elle soit terminée, ramené au pouvoir les amis de l'Angleterre; ce sera alors à notre tour d'être les battus dans cette affaire. Si cela doit nous arriver, espérons que nous y mettrons un peu de bonne grace et de patience; on ne peut pas avoir des succès partout et toujours. Les plus habiles échouent quelquefois, et cela peut leur arriver sans honte. La chose vraiment fâcheuse pour un homme d'état qui voudrait laisser un nom considérable, ce serait d'avoir souvent et inutilement agité son pays, d'avoir couru incessamment après les grandes occasions dans un temps qui ne les comportait pas. Ce qui serait pire encore, ce serait de vouloir pousser à outrance les fautes commises, afin de tirer de l'excès même quelque chose que l'on prendrait pour de la gloire.

Pour moi, plus j'y réfléchis, moins je pense que tous ces tiraillemens entre la France et l'Angleterre amèneront un trouble profond dans leurs relations. Par un sentiment de mutuelle dignité, ce qu'il y a eu de trop intime, ou plutôt de trop affiché dans l'intimité, disparaîtra. Je laisse à d'autres à le regretter. La bonne harmonie et la bonne amitié reparaîtront, harmonie paisible, amitié sérieuse, telle qu'il convient à des peuples rassis et expérimentés. Si par malheur les notes échangées entre les deux cabinets sur leurs dernières difficultés étaient, de part ou d'autre, empreintes d'aigreur et semées de malséantes insinuations, nul doute que les deux peuples en ressentiraient un égal déplaisir. Le plus mal à son aise des deux serait certainement celui dont l'organe officiel aurait le moins bien observé les règles d'une courtoise discussion. Il y a entre nations qui se respectent des égards auxquels, la colère une fois passée, on est embarrassé d'avoir manqué. Espérons qu'au besoin le sentiment public des deux pays interviendrait impérieusement pour mettre fin à de tristes discords qui n'ont déjà que trop duré.

Les conséquences de cette regrettable mésintelligence ne se sont pas fait attendre. Depuis 1830, le voisinage du petit état indépendant de Cracovie troublait la quiétude de la Russie, de la Prusse et de l'Autriche; en 1836, les trois cours avaient échangé quelques notes sur la convenance qu'il y aurait pour elles à détruire ce dernier et faible vestige de la nationalité polonaise. Toutefois, on peut le dire hardiment, ces projets seraient toujours restés enfouis dans les chancelleries où ils avaient été conçus, et le scandale d'un acte aussi inique aurait été épargné au monde, si la première nouvelle d'un refroidissement survenu entre les grands états de l'Occident n'avait donné courage aux cabinets absolutistes. Sans doute les deux premiers partages de la Pologne, si énergiquement flétris par la conscience publique de l'Europe, depuis si souvent et quelquefois si durement reprochés aux cours co-partageantes, ont bien mérité la réprobation qu'ils ont encourue; mais enfin, à les juger comme ils ont été accomplis, sans souci du droit, de la justice et de l'humanité, ils étaient profitables et jusqu'à un certain point motivés. Il n'en est pas de même de la dernière résolution des puissances. A qui pense-t-on donner à entendre que la petite ville de Cracovie, dont la primitive indépendance avait été déjà si restreinte, dont les libres institutions avaient été si mutilées, tenait à elle seule en échec les trois grandes monarchies au milieu desquelles son territoire est enclavé? Bien que les derniers événemens de la Gallicie ne nous aient donné qu'une médiocre idée des moyens d'ordre et de répression dont l'Autriche dispose, nous lui faisons l'honneur de penser qu'aidée de ses puissans alliés, elle aurait pu venir à bout de son incommode voisine. L'occupation militaire de la république suffisait parfaitement à la sécurité commune, et sa prolongation provisoire aurait donné aux cours intéressées toutes les garanties qu'elles étaient en droit d'exiger. L'occupation définitive a été préférée, parce qu'elle était une bravade envers la France et l'Angleterre.

Ce n'est pas la première fois que la Russie a cherché à entraîner les cabinets de Vienne et de Berlin dans de compromettantes démarches. Souvent déjà le czar, qui n'a point de motifs de s'inquiéter de l'opinion des peuples libres, qui met son plaisir à la défier et sa gloire à poursuivre jusqu'au bout la croisade qu'il a entreprise contre l'Europe libérale, avait tenté de surprendre leur prudence. Jusqu'à présent, ces cabinets avaient le plus souvent résisté, se faisant même valoir quelquefois auprès de l'Angleterre et de la France de leur apparente modération, dénonçant les premiers les plans et les projets dont ils avaient reçu confidence. Mais, hélas! parler avec quelque chagrin de l'humeur inquiète de l'empereur de Russie, donner l'éveil sur son ambition, s'étendre avec complaisance sur la nécessité de la surveiller et de la contenir, puis en même temps faire à chaque occasion décisive ce qui est de nature à rendre cette influence plus redoutable, tel est le rôle accepté depuis seize ans par la Prusse et l'Autriche. Ce qu'il y a de puéril dans cette façon d'agir n'avait jamais été mis dans un aussi grand jour.

Il est évident que la Prusse et l'Autriche n'ont rien à gagner et beaucoup à perdre à la suppression de l'indépendance de Cracovie. Les derniers événemens qui ont éclaté dans les anciennes provinces polonaises n'ont pas déjà si fort tourné à leur honneur. Les agens russes ont été les plus empressés, à cette époque, à faire remarquer, avec un certain orgueil, combien les choses s'étaient passées différemment dans les contrées soumises aux lois de sa majesté l'empereur de toutes les Russies et dans celles qui obéissent à la Prusse et à l'Autriche. Combien de comparaisons humiliantes n'ont-ils pas établies entre l'attitude si ferme, si calme du gouverneur russe à Cracovie, les inquiétudes si visibles des commandans prussiens, et la conduite si imprévoyante d'abord, si brutale ensuite, des autorités autrichiennes en Gallicie! A s'en rapporter à d'autres commentaires, que nous croyons pour notre compte tout-à-fait calomnieux, les conspirations polonaises qui ont éclaté au printemps dernier n'auraient pris personne à l'improviste; la police prussienne les connaissait, et, loin de les entraver, leur donnait libre carrière, afin de mettre d'un même coup la main sur tous les affiliés. En Gallicie, les commandans des provinces autrichiennes avaient ordre de laisser la noblesse polonaise s'engager dans cette folle entreprise, afin de pouvoir en finir avec elle en la livrant ensuite aux ressentimens effrénés d'une multitude sanguinaire. Je suis loin de croire, je le répète, à de si abominables calculs; mais ces bruits offensans circulaient en Allemagne et y trouvaient une certaine créance, et voilà le moment que les gouvernemens d'Autriche et de Prusse ont choisi pour s'entendre de nouveau avec la puissance dont on leur reproche d'être les habituels et complaisans instrumens. Cette alliance nouvelle, ils ont trouvé tout simple de la signifier au monde par une mesure violente, immorale et mesquine. De telles fautes discréditent ceux qui les commettent. Le roi de Prusse, qui vise à exercer sur les esprits allemands une sorte d'influence morale et religieuse, doit comprendre aujourd'hui que son autorité est un peu diminuée par la répulsion qu'inspire l'attentat dont il a pris sa part de responsabilité. Dans les harangues officielles et philosophiques dont il veut bien quelquefois gratifier ses peuples, comment osera-t-il parler de justice, le souverain qui vient de commettre envers un voisin si faible une injustice si patente? Comment s'y prendra-t-il pour prêcher le respect dû aux prérogatives de sa couronne, le prince qui vient d'effacer de sa main une partie des traités qui seuls lui donnent droit à l'obéissance de bon nombre de ses sujets? Il sera curieux d'entendre parler encore avec enthousiasme des vieux souvenirs de la grande famille teutonique par le monarque qui a si lestement traité le dernier vestige d'une nationalité qui avait bien aussi ses traditions et sa gloire! L'Autriche n'aperçoit-elle pas aussi qu'en recevant à contre-cœur, d'un ancien rival, le présent fatal qui lui est aujourd'hui abandonné, elle dévoile aux yeux les moins clairvoyans les secrets de sa faiblesse? Cette faiblesse n'était plus un secret depuis long-temps pour ceux qui ont réfléchi sur les embarras croissans de cette grande monarchie si peu homogène, tour à tour ébranlée au nord par les velléités de la diète hongroise, inquiétée au midi par les sourdes rumeurs de l'Italie toujours frémissante, et qui voit chaque jour son ancienne autorité en Europe s'user aux mains d'un ministre vieillissant. Ou nous nous trompons fort, ou M. de Metternich doit entrevoir d'assez mauvais jours et jeter d'assez sombres regards sur l'avenir. Si on doit jamais remettre en question la conservation, dans son état actuel, de cet édifice autrichien si péniblement construit de tant de pièces différentes, si soigneusement préservé jusqu'à présent de toutes secousses, la faute en sera bien aux derniers actes de sa carrière politique. Une considération imposante maintenait l'influence de l'Autriche auprès des petites puissances de l'Allemagne : c'était l'aversion qu'elles lui supposaient pour toute espèce de mesures violentes. Les traités de 1815 leur paraissaient particulièrement placés sous sa sauvegarde; comment imaginer qu'un coup aussi rude leur serait porté? C'était sur ce cabinet-là même qu'elles comptaient plus que sur tous les autres pour les défendre au besoin le jour où ils seraient attaqués, et c'est lui qui se charge d'apprendre au monde qu'on y peut toucher pour le plus mince intérêt, et sous les plus frivoles prétextes! Voilà des griefs qui ne seront pas fort ébruités, mais qui dureront long-temps aux cœurs des princes et des hommes d'état de l'Allemagne. La cour de Vienne s'apercevra un jour de ce qu'elle a perdu à sortir ainsi de ses voies ordinaires. C'est surtout de l'autre côté des Alpes que la nouvelle de la réunion de la ville de Cracovie aux états de sa majesté autrichienne a soulevé l'indignation la plus vive et le courroux le plus général. On aurait dit qu'une nouvelle province venait d'être arrachée à la patrie italienne. Les manifestations des populations n'ont pas été partout entravées par les autorités du pays. Quelques-unes ont été singulières et peuvent donner à penser aux gouverneurs de la Lombardie. Dans la nuit du 5 décembre dernier, anniversaire du jour où, il y a cent ans, les Autrichiens furent chassés de Gênes et de presque toute l'Italie, des feux de joie furent tout à coup allumés par des mains inconnues sur les sommets de la longue chaîne des Apennins. En un instant, ces lueurs soudaines avaient couru, de sommet en sommet, depuis les montagnes abruptes qui plongent sur le golfe de Nice jusqu'aux collines qui viennent mourir dans la mer Adriatique. Les états autrichiens en Italie furent, à un moment donné, comme entourés dans un cercle de feu. Le jour où des lueurs non moins brillantes et non moins rapides viendront de proche en proche percer cette obscurité profonde où l'Autriche s'efforce de retenir encore les intelligences italiennes, ce jour-là son étoile pâlira; il ne lui suffira pas, pour conserver sa domination, de promener bruyamment, comme aujourd'hui, des canons de Vérone à Mantoue, d'augmenter le nombre des régimens italiens qui vont chaque année transir de froid dans les steppes de la Hongrie, et de grossir les bandes de ces soldats croates qui font aujourd'hui retentir de leurs pas pesans les dalles des quais de Venise, ou montent nonchalamment leur garde devant les palais des Palladio et les fresques des Vinci.

Si quelque chose pouvait ajouter au mal que se sont fait à elles-mêmes les deux cours du Nord, ce seraient les maladroites justifications qu'elles ont essayées, et dont la version la plus étendue et la plus étrange a paru dans un journal de Leipzig et non dans le journal officiel de Vienne, comme se sont trop empressées de l'affirmer quelques feuilles publiques de France et d'Angleterre qui ne sont pas bien au fait des habitudes des chancelleries allemandes. Ces chancelleries ne livrent pas avec tant de sans-façon les motifs officiels de leurs actes à l'appréciation indiscrète du public. Quand la fantaisie leur vient de faire entendre à l'Europe l'opinion soi-disant nationale de l'Allemagne, elles s'adressent à la complaisance de quelque journal censuré, quelquefois même, comme dans le cas actuel, à un recueil de couleur plutôt libérale. On ne revient pas de l'incomparable aplomb avec lequel la gazette qui a été honorée cette fois de la confiance des cours du Nord développe leur théorie sur la valeur qu'il faut attribuer aux divers actes du congrès de Vienne. Cette théorie, inventée en 1846, pour les besoins de la cause, est bien simple. La voici en peu de mots. Le congrès de Vienne a réuni en un seul corps et donné une garantie commune à plusieurs traités différens contractés entre elles par la plupart des puissances de l'Europe. Comment faut-il entendre cette garantie? les puissances garantes n'ont-elles pas le droit de veiller au maintien des clauses qu'elles ont garanties par leur signature?—Oui, répond le journaliste allemand, si les puissances contractantes ne sont pas d'accord entre elles; mais, si elles se mettent d'accord pour modifier ou détruire ces traités, cela ne regarde plus en rien les puissances garantes. Vous êtes peut-être curieux de savoir ce qu'est au juste ce droit de garantie qui ne garantit rien? La chancellerie autrichienne veut bien vous apprendre, par l'intermédiaire de je ne sais quelle autre feuille également censurée, que c'est là un simple enregistrement. Cependant vous avez encore quelques scrupules, et vous demandez si le petit état de Cracovie s'est mis, lui aussi, d'accord avec les trois grandes puissances pour sa suppression? A quoi le journaliste, qui est aussi un grand jurisconsulte, vous répond sans hésitation : Il n'en avait pas le droit, car au moment du traité entre les puissances il n'existait pas. Voilà des réponses concluantes s'il en fut, et qui ferment la bouche. On pourrait se demander toutefois comment les petites puissances de l'Allemagne s'en accommoderont. Beaucoup d'entre elles n'existaient pas non plus au moment de la signature du congrès de Vienne, et se croyaient cependant assez assurées jusqu'à présent du maintien de leur nationalité. Cette confiance leur est désormais ôtée, autant qu'il dépend de M. de Metternich. Rien de plus clair, en effet, que les termes de la gazette allemande. « Que dirait la France si, pen« dant qu'elle s'entendrait avec l'Allemagne sur des arrangemens rela« tifs à ses frontières, la Russie ou l'Angleterre venaient y mettre leur « opposition, attendu que ces arrangemens violeraient les traités signés « par ces deux puissances?» Et plus loin : « Du reste, nous attacherons « d'autant moins d'importance à ces mots si souvent répétés : Mainte« nant les Français ne se regarderont plus liés par les traités, que cela « ne change absolument rien à la chose, car ce ne sont ni les conventions « de Paris ou de Vienne, ni le respect dû à la foi des traités qui ont im« posé aux Français quelque réserve; s'ils s'étaient sentis assez de force « pour les briser, ils l'auraient déjà fait depuis long-temps, et nous ne les « en aurions pas blâmés.» Ainsi voilà qui est bien entendu : si la France n'a pas violé les traités de Vienne, c'est qu'elle n'a pas osé; si nous ne les violons pas aujourd'hui, c'est apparemment aussi parce que nous n'osons pas. Le jour où nous l'oserions et le pourrions faire, l'Autriche ne nous en blâmerait pas. A-t-on jamais montré un mépris plus résolu de toutes les notions du droit international? a-t-on jamais proclamé plus nettement le règne exclusif de la force? On comprend maintenant pourquoi la suppression de Cracovie n'a excité nulle part autant d'indignation que dans les rangs du parti conservateur français; c'est lui qui est directement attaqué, ce sont ses sentimens d'ordre et de justice qui sont le plus ouvertement froissés. Sa politique est insultée par ceux-là mêmes qu'en 1830 elle a peut-être sauvés.

D'aussi injurieuses imputations seraient bien de nature à provoquer notre juste ressentiment. Nous ferons mieux toutefois de les négliger et de garder tout notre sang-froid pour nous bien rendre compte de la situation nouvelle créée par l'anéantissement de la république de Cracovie. D'un côté, les trois puissances qui ont consommé cet acte d'iniquité; de l'autre, la France, l'Angleterre, tous les états constitutionnels grands ou petits, tous ceux qui ont gardé en politique la distinction du bien et du mal, du juste et de l'injuste. Cette situation serait donc bien nette, et l'on en saisirait les conséquences au premier coup d'œil sans le malheureux différend survenu entre la France et l'Angleterre. Tant que les parlemens des deux pays n'auront pas été mis en demeure de se former un avis et d'exprimer une opinion sur la valeur de ce dissentiment, tant qu'ils n'auront pas décidé s'il est sérieux et durable, ou s'il doit passer comme un refroidissement temporaire, toutes choses resteront en suspens. Les puissances provocatrices se tiendront fermes ensemble et attendront. La France et l'Angleterre hésiteront l'une comme l'autre à s'engager seules dans la querelle. On sent bien que, si la contrainte qui résulte de ces relations douteuses n'eût déjà pesé sur les deux gouvernemens, leurs premières démarches auraient eu un caractère plus décidé et auraient mieux répondu à la vivacité des impressions du public. La note de l'Angleterre aux trois cours est connue; on sait qu'elle n'est pas une protestation formelle. Le secrétaire d'état de sa majesté britannique feint d'ignorer que le territoire de la ville libre de Cracovie ait été annexé à l'Autriche. Il a entendu dire, sans pouvoir y croire, que les trois puissances avaient conçu un pareil projet. Il s'empresse de leur faire observer combien il serait attentatoire aux droits des puissances qui ont signé l'acte final du traité de Vienne. Il finit en exprimant la confiance que ces simples observations suffiront à empêcher la consommation d'une mesure funeste. Le détour de lord Palmerston est un peu apparent, mais il a l'avantage de le tirer d'un assez grand embarras. Personne n'avait oublié cette phrase prononcée devant les communes d'Angleterre, si souvent répétée depuis et relatée tout au long dans l'article de la *Gazette de Leipzig* : « Il n'échappera pas à la loyauté des cours du Nord que, si les traités de Vienne ne sont pas bons sur la Vistule, ils ne sont pas meilleurs sur le Rhin et sur le Pô. » Lord

Palmerston, s'il eût admis la violation des traités comme flagrante et déjà consommée, ne pouvait pas ne pas garder dans sa note quelque chose d'un langage si significatif; mais aussi comment, dans l'éventualité d'une rupture, prêter de telles armes à la France? Quant à la note française, on n'ignore pas qu'elle est une protestation formelle et positive : elle contiendrait, dit-on, cette énonciation, qu'aucune puissance signataire du traité de Vienne ne saurait prétendre s'affranchir des stipulations de ce traité sans en affranchir également toutes les autres; toutefois il n'y serait pas question de la valeur que la France attribue maintenant aux traités eux-mêmes.

En présence du défi qui leur avait été si hardiment jeté, sans doute les deux grands gouvernemens qui ont l'honneur d'être en ce moment en Europe les défenseurs de la cause du droit et de la justice auraient pu parler un langage plus énergique, mais, comme nous l'avons dit, à la condition d'être parfaitement unis et d'avoir préalablement concerté ensemble tout un plan de conduite et d'action. Cette attitude, ils pourront la reprendre, ils la reprendront certainement le lendemain même d'une réconciliation. En attendant, et dans leur isolement même, il y a encore pour l'Angleterre, et surtout pour la France, un rôle considérable à jouer. La violation des traités a toujours été considérée comme un cas de guerre entre les nations. La violation des traités de 1815, consommée sans avis préalable, avec les circonstances qui l'ont accompagnée et les doctrines dont elle a été appuyée, donnait aux deux nations lésées un droit légitime de guerre contre la Russie, la Prusse et l'Autriche; bien des guerres ont eu lieu pour de moins justes causes et de moins grands intérêts. Fallait-il cependant, en ce qui nous regarde, aller jusqu'à cette extrême limite de notre droit, dénoncer à notre tour les traités qu'on n'avait pas observés envers nous, entrer en campagne par la prise de Landau et l'invasion des provinces de la Prusse qui avoisinent nos frontières, marchant ainsi tout droit à la conquête de la rive gauche du Rhin? Ces plans belliqueux auraient pu être du goût de quelques imaginations ardentes. La portion saine et intelligente de la nation les eût repoussés. Elle eût compris que, si le droit était incontestable, l'usage en eût été excessif. C'eût été répondre à un acte révolutionnaire par des représailles également révolutionnaires, et perdre gratuitement les avantages que donne toujours la modération quand elle est jointe à la raison et à la force. On ne voit pas bien d'ailleurs de quel droit, et sans une absolue nécessité de défense nationale, nous aurions été, sous prétexte de venger la confiscation de la ville libre de Cracovie, confisquer à notre profit des états dont l'indépendance mérite à coup sûr le même respect. Le bruit s'est répandu un instant que le cabinet avait songé à relever les fortifications d'Huningue : c'eût été, je le crois, une autre faute. Ce n'est pas le traité de Vienne qui nous interdit de fortifier Huningue, c'est le traité du 20 novembre 1815, signé à Paris après la seconde invasion. Il n'y a point de rapport entre les deux traités. Ils ont été signés par la France à des époques et dans des fortunes diverses. A Vienne, nous débattions, au même titre et sur le même pied que les autres grandes puissances, les arrangemens territoriaux de l'Europe. En novembre 1815, nous subissions les dures conditions que de nouveaux malheurs nous avaient imposées.

Gardons-nous donc de confondre des traités qu'il importe à notre honneur et à nos intérêts de bien distinguer l'un de l'autre. La suppression de la république de Cracovie a porté atteinte au traité de Vienne; n'allons pas nous hâter de porter atteinte au traité de Paris en fortifiant Huningue. Les droits que nous tenons du traité de Vienne sont plus précieux pour nous que les charges du traité de Paris ne sont lourdes. N'échangeons pas les uns contre les autres; ce serait un marché de dupes. Si l'imprudence des puissances du Nord a ébranlé les bases de l'équilibre européen et remis en question la distribution des empires, contentons-nous, pour le moment, d'en prendre acte par notre protestation. Un avenir inespéré s'ouvre devant nous, sachons l'attendre et nous y préparer.

Quelle va être, au début de la session prochaine et en présence des questions considérables que nous venons d'indiquer, l'attitude des partis dans la nouvelle chambre? On ne le sait pas encore, mais déjà on peut le présumer. La majorité paraît animée des mêmes sentimens envers le cabinet, lui sachant gré de ses succès dans la question des mariages espagnols, un peu étonnée et contrariée toutefois que ces succès aient compromis l'alliance anglaise, et indignée avant tout de l'attentat commis sur Cracovie. Quant à l'opposition, elle semble encore incertaine. Nous entendrons sans doute les orateurs de la gauche démontrer que les mariages des princesses espagnoles, et en particulier celui du duc de Montpensier avec l'infante, n'ont pour la France aucun intérêt politique; qu'il n'y a pas eu grand mérite à les conclure, parce qu'au fond l'Angleterre ne s'en souciait guère. Les orateurs du centre gauche prouveront, au contraire, que l'Angleterre s'en souciait si fort, qu'il y a eu folie et presque trahison à compromettre dans cette occasion cette précieuse alliance anglaise. Ces orateurs se proposent, dit-on, de tracer l'historique de nos relations avec l'Angleterre. Ils feront ressortir comment le gouvernement a eu le tort d'être alternativement exigeant et facile à contretemps, se méprenant grossièrement sur la valeur et la portée des choses. En les entendant, la France sera forcée d'admettre que, s'il était naturel de risquer la guerre plutôt que de supporter le principe d'une indemnité en faveur d'un négociant anglais lésé dans ses intérêts, il était absurde de s'exposer au plus passager refroidissement pour écarter un prince de Cobourg du trône d'Espagne. Nous espérons sincèrement que les hommes même les plus hasardeux de l'opposition n'emploieront pas leur talent à donner quelque apparence de raison à de pareils jeux d'esprit. Le moindre inconvénient de cette tactique serait d'être en complet désaccord avec les faits. Si quelque chose ressort en effet avec clarté des détails que nous avons pris soin de donner sur les négociations relatives aux mariages espagnols, c'est la bonne foi entière et les égards constans du gouvernement français envers le cabinet de Londres. On ne le voit à aucune époque faire mystère de ses vues; loin de là, il les proclame au début en plein parlement, avec un certain éclat. Plus tard il les communique de nouveau à son allié, et lui offre, au moment où le dénouement approche, de s'entendre pour proposer ensemble des candidats également acceptables pour les deux cours. Enfin, s'il prend un parti décisif, c'est dans le cas imminent préalablement signalé par lui-même, lorsqu'une plus longue hésitation ferait infailliblement réussir la seule combinaison qu'il ne pouvait accepter honorablement, celle-là même qu'on avait promis de ne jamais favoriser, et à laquelle on travaillait cependant alors ouvertement. On aura fort à faire pour donner le change sur le mariage du duc de Montpensier, et pour établir qu'il a été un mauvais procédé vis-à-vis de l'Angleterre. Ce n'est point un mauvais procédé que de parer un coup qui vous est destiné, et de s'assurer un avantage afin de n'avoir pas un revers. Le mariage de M. le duc de Montpensier apparaîtra ce qu'il a été en effet, un acte de politique purement défensive.

Dans les pays constitutionnels, une opposition sérieuse, conduite par des hommes considérables, a mieux à faire que de se mettre sans choix, en toute occasion et à tout propos, en contradiction avec le gouvernement. Quand, au vu et au su de tout le monde, le gouvernement a eu quelque succès, il y a mauvaise grace, il y a danger pour elle à le nier ouvertement. Le public soupçonnerait peut-être une fois que l'opposition n'agit que par dépit, et une découverte de ce genre pourrait le mettre sur la voie de beaucoup d'autres. Je dirai plus, si le succès obtenu a amené quelque conflit avec une nation étrangère, le premier devoir de l'opposition, c'est d'ajourner ses attaques, qui seront toujours, quoi qu'elle fasse, autant d'armes fournies aux adversaires. Il lui vaut mieux prêter secours et appui au gouvernement, qui est toujours, après tout, la vraie personnification du pays au dehors. En ce moment même, l'Angleterre nous donne, à cet égard, un bel exemple. La politique du ministre des affaires étrangères britanniques n'y est pas du goût de tout le monde; au sein même de son parti, les méfiances qu'elle inspire sont si grandes, qu'elles ont suffi à empêcher la première formation du ministère whig, et cependant, aussi long-temps que les difficultés actuelles subsisteront entre la France et l'Angleterre, nul ne s'attend à voir lord Palmerston attaqué dans le parlement à propos d'une conduite que beaucoup de ses adversaires et quelques-uns de ses amis trouvent fâcheuse et contraire aux intérêts de leur pays. L'opposition française gagnerait plus qu'elle ne suppose à mettre un temps d'arrêt dans sa vive polémique contre la direction donnée à nos affaires étrangères : d'abord elle s'éviterait un échec, ce qui est bien quelque chose; ensuite elle donnerait satisfaction à l'opinion publique, qui est aujourd'hui un peu fatiguée de tant de redites. Puisque les circonstances ne lui sont pas favorables, qu'elle attende; la situation se modifiera. Nous ne resterons pas toujours en froid avec l'Angleterre; de part ni d'autre, on ne voudra tenir long-temps dans cette position fausse et nuisible aux deux pays. Il est probable qu'on se rapprochera. Que l'opposition veille aux conditions du rapprochement; quand même ses critiques seraient exagérées ou peu fondées, elles ne lui seront pas reprochées, parce qu'elles seront dans son rôle. Ce rôle, l'opposition l'a déjà rempli avec honneur pour elle et profit pour le pays. Pendant ces seize dernières années, elle ne s'est pas constamment méprise sur les vrais sentimens de la nation. Quand, en 1840, elle accueillait avec tant de froideur et de méfiance la formation du cabinet actuel, elle était l'interprète un peu trop vif peut-être, mais nécessaire, d'une susceptibilité assez générale et assez fondée. Satisfaite qu'elle avait été de la politique des ministres du 1er mars, sans inquiétude sur la marche que les affaires prenaient sous leur direction, il est assez simple que l'opposition ne sût pas un gré infini à leurs successeurs de la bonne volonté qu'ils mettaient à recueillir leur héritage. Elle n'était surtout pas tenue de prévoir qu'entrés au pouvoir à la suite d'un fâcheux échec pour notre diplomatie, ils lui ménageraient un jour une heureuse revanche, et qu'avant six ans le succès des mariages espagnols compenserait les revers de la Syrie. L'opposition n'avait pas tort non plus, en 1841 et 42, quand elle retenait le cabinet trop empressé de rentrer dans le concert européen, et de renouer avec les puissances de l'Europe ces rapports intimes dont les récens événemens ont si bien fait sentir le néant. Elle faisait preuve aussi de sens politique quand elle montrait si peu d'inclination pour nos établissemens dans l'Océanie, établissemens ruineux, compromettans et inutiles, et qui ont fait payer si cher, par les embarras qu'ils ont causés, le semblant de gloire qu'ils ont procuré. Il y a dans le pays, au sein même de la majorité, des personnes que l'opposition compte avec raison parmi ses adversaires, qui ne demandent pas mieux que de convenir des services qu'elle a pu rendre, et de reconnaître ceux qu'elle pourra rendre encore. L'existence d'une opposition forte et bien constituée est indispensable au jeu régulier de nos institutions. Il est bon en soi et avantageux pour le public que les ministres, même les meilleurs, se sachent surveillés par des adversaires infatigables, prêts à éplucher leur conduite, à en scruter minutieusement les plus secrets mobiles. Ce constant éveil où sont tenus les hommes qui gouvernent par la nécessité d'avoir à chaque instant raison, d'être à chaque instant en mesure de donner les motifs de leurs déterminations, n'est pas une des moindres garanties que notre régime représentatif offre à la sécurité publique. Supprimez par la pensée cet excitant d'une opposition un peu habile et nombreuse qu'il faut vaincre ou persuader, et voyez quelle fâcheuse détente dans tous les ressorts d'un gouvernement! Plus des ministres se sentiront forts du témoignage de leur conscience, plus ils seront disposés à prendre leurs bonnes intentions pour des mérites suffisans. Pourquoi leurs amis politiques, qui ont en eux si grande confiance, seraient-ils plus exigeans à leur égard? Les difficultés sont là d'ailleurs avec leurs mille aspects, difficultés qui ne paraissent jamais aussi inextricables qu'à ceux qui sont chargés de les résoudre. N'y a-t-il pas aussi presque autant de raisons, et presque autant de bonnes raisons pour s'abstenir que pour agir? La stagnation la plus complète deviendrait ainsi bientôt l'état habituel dans une forme de gouvernement qui avait été inventée apparemment pour conduire à un tout autre résultat. C'est le mérite de l'opposition d'entretenir la vie politique au sein des institutions. Ne nous hâtons pas de dire qu'une opposition, alors même qu'elle se trompe sur les besoins de son temps, sur le fond des choses et sur beaucoup de détails, est par cela même un composé d'ambitieux et de caractères mécontens. Il y a nécessairement un peu de tout cela dans une opposition; mais il y a aussi des sentimens nobles et tout-à-fait désintéressés qui sont, après tout, un des aspects les plus beaux de la nature humaine. Certaines ames portent en elles-mêmes le goût d'une perfection irréalisable; elles rêvent en tout plus que le possible; elles visent au parfait, à l'idéal; elles le demandent à la politique, et certes elles le trouvent là moins qu'ailleurs. Un tel penchant, renforcé par l'esprit de parti, doit faire trouver médiocre ce qui est bon, détestable ce qui est médiocre, et rend ainsi assez injustes ceux qui en sont animés. Cependant le germe de ce penchant se retrouve chez les plus grands caractères; on doit en respecter jusqu'à l'excès. Peut-être faut-il même, dans le monde politique, que l'extrême exigence des uns corrige la trop grande facilité des autres. C'est ainsi qu'on arrive, sur toutes les questions, à des solutions moyennes dont les hommes doivent se contenter, comme ils doivent se contenter de tout sur cette terre, cherchant le bien, heureux quand ils ne trouvent pas le pire. Pour nous, nous sommes prêt à accorder qu'il faut en maintes circonstances rendre grace à l'opposition de ce que ce milieu n'est pas souvent placé trop bas; nous ne trouverons jamais mauvais qu'elle se plaigne de ce qu'on ne le place pas assez haut.

J'ai fait sentir plusieurs fois, pendant tout le cours de ce rapide examen de notre situation, que je ne croyais pas à la durée de notre mésintelligence avec l'Angleterre, mais plutôt à la reprise prochaine des bons rapports entre les deux pays. Plusieurs personnes partagent cette opinion, tout en paraissant supposer que ces bons rapports devront être inevitablement précédés de la chute de l'un ou de l'autre cabinet, et il est facile de voir qu'elles espèrent bien que ce sera le nôtre qui fera, par sa chute, les frais de la réconciliation. Je ne voudrais croire qu'à la dernière extrémité que le cabinet britannique fût pour quelque chose dans cette partie qui se joue ici, à son profit, à jeu assez découvert; quand cela serait, je serais désolé d'apprendre que notre gouvernement voulût essayer de se défendre de la même manière. Outre qu'il n'aurait probablement pas le bonheur de trouver de l'autre côté du détroit autant de gens disposés à le seconder dans cette patriotique besogne, sa cause est si bonne, qu'il peut la donner à juger non pas seulement aux adversaires de l'administration anglaise actuelle, mais à ceux qui la soutiennent dans le parlement. Cette administration tout entière et l'homme d'état qui la représente dans ses rapports avec l'étranger ont un sentiment trop vif de l'honneur et des intérêts de leur pays pour ne pas comprendre ce que, dans les questions qui se sont engagées entre la France et l'Angleterre, un sentiment exactement analogue au leur a commandé au cabinet français. Ce grand parti whig, dont ils sont aujourd'hui les chefs éminens, a toujours eu trois principales préoccupations qui ont caractérisé sa politique : la poursuite des grandes réformes au sein de sa patrie, la propagation des idées libérales en Europe, et le goût pour l'alliance française. Par des causes dont il n'est pas d'ailleurs responsable, ce n'est pas lui qui a eu l'honneur, dans ces dernières années, d'accomplir au pouvoir la réparation des griefs dont il réclamait le redressement. On sait ce qu'à leur dernière arrivée aux affaires les whigs ont fait de l'alliance française, et comment ils se sont trouvés ligués contre nous avec les puissances du Nord. Il m'est impossible d'imaginer qu'un autre démenti de ce genre soit donné par eux à leurs vieilles traditions de parti, si puissantes en Angleterre. Le moment serait mal choisi. La lutte des idées libérales contre les penchans absolutistes et réactionnaires n'a jamais été aussi flagrante depuis seize ans qu'elle l'est aujourd'hui. L'Angleterre ne voudra pas nous laisser l'honneur d'être leur seul champion en Europe. Si cela devait être toutefois, espérons que notre gouvernement ne faiblirait pas. La situation serait grave, elle ne serait pas alarmante. On n'est jamais seul dans de semblables causes; Dieu les prend en main et les fait marcher par des voies qui lui sont connues. Quand il leur fait lui-même leur chemin dans le monde, nul ne les peut arrêter; elles s'avancent rapides et irrésistibles comme les flots de la mer, mais d'une mer sans marée, qui ne quitte plus les bords dont elle s'est emparée. Pour mon compte, je ne désespérerai jamais du succès de la politique de mon pays tant qu'il aura pour lui au dedans l'assentiment de la majorité des chambres, au dehors la sympathie des peuples libres de l'Europe.

O. d'HAUSSONVILLE.

www.ingramcontent.com/pod-product-compliance
Ingram Content Group UK Ltd.
Pitfield, Milton Keynes, MK11 3LW, UK
UKHW020431220726
13923UKWH00005B/2164

9 782019 270070